Rezepte zum Verhotzeln

Von Simone Bretschneider

Rezepte zum Verhotzeln

Die selbstgemachten Lieblingsleckereien
der Hotzenplotzbande

Von Simone Bretschneider

Bibliografische Information der Deutschen
Nationalbibliothek:
Die Deutsche Nationalbibliothek verzeichnet diese
Publikation in der Deutschen Nationalbibliografie;
detaillierte bibliografische Daten sind im Internet
über:
http:/ /dnb.dnb.de abrufbar.

1. Auflage

© 2020 Simone Bretschneider
(Autor und Bilder)
simone.bretschneider@hotzenplotzbande.de
www.facebook.com/dieHotzenplotzbande
www.instagram.com/Hotzenplotzbande

Herstellung und Verlag: BoD – Books on Demand
Norderstedt

ISBN: 9783751932486

Über die Autorin

Simone Bretschneider wurde 1973 in Köln geboren.

Sie ist nicht nur Mutter von zwei ziemlich tollen Söhnen, sondern auch Frauchen von elf Dackeln:
Kralle, Paula, Mücke, Artus, Django, Lotte, Susi, Josie, Hexi, Rocky und Bambam.

Alle zusammen sind sie die Hotzenplotzbande.

Mit ihnen und Guido, ihrem Mann, lebt und arbeitet die gebürtige Kölnerin in der wunderschönen Eifel.

Ihre Dackel-Racker züchtet sie mit Hingabe im kleinen, liebevollen Umfeld. Und als ihre Chronistin berichtet sie den Fans der Hotzenplotzbande im Netz täglich von den Abenteuern dieser fabelhaften Truppe. Kaum ein Tag vergeht ohne neue Mini-Geschichten der elf Persönlichkeiten auf vier Pfoten.

Vorwort

Helden ohne Umhang! So nennt man uns, die Hotzenplotzbande, und uns kennt man auf der ganzen Welt.

Wie? Du etwa nicht? Wenn du uns fragst, hast du da aber was verpasst. Doch das ist ja kein Problem. Es ist ja nicht zu spät uns kennenzulernen.

Also, wir sind wie gesagt die Hotzenplotzbande und wir sind elf Dackel. Manche von euch mögen unsere Menschen, im Weiteren auch Zweibeiner, Frauchen, Herrchen, Olle, Hotzi-Mami und Hotzi-Vati genannt (wir sind uns sicher, uns fallen noch mehr Titel ein - ihr werdet sicher aus dem Kontext erkennen, wen wir meinen), für verrückt halten. Elf Dackel!!! Wahnsinn! Nun ..., wenn wir ehrlich sind, sie sind nicht nur verrückt, sie selber bezeichnen sich als total

bekloppt und schlichtweg andersartig.
Aber auch wenn das sehr zutreffend ist,
keine Bange. Die beiden sind nicht
gefährlich oder so. Sie sind bloß
bekennende Dackelholiker und haben den
Kleinmädchentraum von Frauchen erfüllt.
Nämlich den, irgendwann auf dem Land
zu leben, mit einem Rudel Hunde,
vielleicht ein paar Hühnern, einer Ziege,
einem Schaf und einem Zwergpony.
Alldieweil das mit dem Rudel hat ja
funktioniert und ebenfalls das mit dem
Wohnen auf dem Land. Nur die anderen
Tiere fehlen, wobei davon leben in der
Nachbarschaft zu Genüge, ergo ist es ja
doch bisschen erfüllt, oder?
Aber wir stellen uns jetzt erst einmal vor.
Wir sind:

- Paula, unsere Diva. Mit ihr fing das verdackelte Leben der Zweibeiner an.
- Kralle, die Erzieherin des Rudels. Mittlerweile ist sie die Omi hier.
- Mücke, sie ist die gnadenlose Jägerin von uns.
- Artus, Sohn von Paula und Bobby. Er ist der Wächter des Rudels und Frauchens Seelenhund.
- Django, der Herzensdieb und Seelenstreichler des Rudels. Er ist der Sohn von Mücke und Bobby.
- Lotte, die verrückte Nudel. Sie ist die kleine Schwester von Django.
- Susi, unser Model und begnadete Schuhdesignerin. Sie kam aus dem Tierheim zu uns.
- Josie, das Kind der Liebe zwischen Susi und Bobby. Sie ist hier die Räuberprinzessin.
- Rocky, der 2. Räuberhauptmann. Ja zweiter, denn der erste war unser

Graf Bobby, der aber leider schon im Regenbogenland lebt, gemeinsam mit unserer Labbi-Omi Kira und unserem Opa Max.

- Hexi war ein Notfellchen. Sie hatte nach dramatischen Vorfällen in ihrem vorherigen Leben dringend unsere Hebammenfähigkeiten gebraucht. So hat sie ihren Weg zu uns gefunden.

- Bambam, Tochter von Hexi, die nach all dem erlebten Trauma von ihrer Mama nicht hergegeben werden wollte.

Und alle zusammen sind wir, wie schon gesagt, die Hotzenplotzbande. Der Name entstand im Übrigen, weil die Olle uns zwischendurch immer ihre Räuber nannte, wenn sie der Meinung war, wir hätten mal wieder etwas angestellt. Alles nur Blödsinn! Das sind immer nur Missverständnisse. Die Untaten werden von Gnomen begangen, die aber für die

Menschen leider unsichtbar sind. Wir bekämpfen die garstigen Viecher und retten jeden Tag die Zweibeiner und ganz Hotzihausen, unser Zuhause, vor ihnen. Aber um das genau zu erklären ... das würde hier den Rahmen sprengen, denn es gibt winzig kleine Mikrognome, etwas größere sowie richtig monströse Gnome ... und alle stellen sie unterschiedliche Dinge an. Da schaut lieber mal auf unserer Facebook - oder Instagram Seite vorbei, dort erklären wir es öfter. Ihr könnt euch aber auch unsere anderen Bücher anschauen. Dann wisst ihr ebenfalls genaustens Bescheid.

Wo waren wir stehen geblieben?

Ach ja. Sie nannte uns immer wieder Räuber. Nach einem ungemein hinterhältigen Gnomeangriff, bei dem wir echt alle Pfoten voll zu tun hatten und bei dem auch so ein bisschen was vom Zweibeinerkram auf der Strecke blieb, meinte sie, wir seien nicht nur Räuber. Sie bezeichnete uns als die reinsten Hotzenplotzens ... sprich quasi eine Hotzenplotzbande. Und ZACK: Unser Rudelname war geboren. Meist nennt man uns aber kurz Hotzis und so unglaublich das auch klingt, es ist auf der ganzen Welt schon bekannt, dass wir durch unseren immerwährenden Kampf gegen die Gnome Superhelden sind.

Also merkt euch:

Helden ohne Umhang heißen Hotzis!

v.l.n.r.: Kralle, Josie, Django, Susi (vorne), Lotte (hinten), Paula, Bambam, Hexi, Rocky, Mücke, Artus

Wusstet ihr, dass wir Hunde über 1700 Geschmacksknospen verfügen? Ok, im Vergleich zu den Zweibeinern ist es wenig, aber reine Fleischfresser, wie z.B. Katzen, haben nur 500.

Unsere Geschmacksknospen unterscheiden sich in 4 Typen:
Die Typ-A Knospen sind die meist verbreiteten auf der Zunge. Sie reagieren auf Aminosäuren, von denen viele von euch Zweibeinern als süßlich empfunden werden. Diesen Geschmack finden wir gut. Dann gibt es zusätzlich die Typ-B Knospen, die auf Saures und Bitteres reagieren. Das finden wir Vierbeiner eher abschreckend und scheußlich. Die Typ C Knospen sprechen auf den fleischigen und herzhaften Geschmack an - yummiiiieee - na ihr versteht schon. Und die Typ-D Knospen nehmen den fruchtig-süßen Geschmack wahr, wie bei Obst zum

Beispiel. Wir vermögen demzufolge Saures, Süßes, Salziges und Bitteres zu schmecken. Da staunt ihr, oder? Jedoch wird der Geschmackssinn bei uns nur unterstützend genutzt, denn wir nehmen das meiste mit der Nase wahr. Wenn Futter für uns nicht gut riecht, fressen wir es nicht. Jedoch wissen wir sehr wohl einen guten Snack zwischendurch zu schätzen und wir haben da erst recht gerne mal Abwechslung. Oder gefällt euch etwa immer derselbe Einheitsbrei?

Unsere Hotzi-Mami weiß das. Und weil wir außerdem Helden sind, macht sie uns zwischendurch besondere Leckereien. So anstrengende Hotzihausenrettungsmaßnahmen benötigen eben zahlreiche Energien. In der Funktion eines Helden hat man doch außerdem so diverse Delikatessen durchaus verdient. Findet ihr nicht auch?

Viele von unseren Hotzifreunden haben nach den Rezepten gefragt. Daher haben wir Frauchen ein paar Anleitungen abgeschwatzt und teilen die nun hier mit euch. Alle Rezepte hat sie im Übrigen über viele Jahre selbst gesammelt, teilweise modifiziert und angepasst.
Habt viel Spaß beim Ausprobieren der Leckereien, denn letztendlich sind wir Vierbeiner doch alle Helden, nicht wahr?

Wissenswertes und Anmerkungen

Die Hundekekse, die unser Frauchen für
uns zwischendurch zaubert, enthalten alle
weitgehend keine Konservierungsstoffe.
Das bedeutet im Umkehrschluss natürlich,
dass deren Haltbarkeit nur begrenzt ist.
Aber es ist möglich, ohne großen
Aufwand dafür zu sorgen, dass sie nicht so
schnell verderben. Zum Beispiel über die
Form: Je dünner und kleiner so ein Keks
ist, umso haltbarer ist er. Es ist
obergigahotzifastisch wichtig, sie gut
austrocknen zu lassen. Unsere
Hotzi-Mami macht das meistens im
Backofen. Wenn die Kekse fertig
gebacken sind, steckt sie einen
Holzkochlöffel in die Tür, damit die
Feuchtigkeit entweichen kann, und stellt
die Temperatur ihres Ofens zwischen 80
und 100 Grad ein. Das kommt ein

bisschen auf euren Backofen an, wie genau da der Wärmegrad liegen sollte. Das probiert ihr am besten aus. Wir haben meist etwa 80 Grad eingestellt und lassen dann die Kekse so lange darin, bis sie wirklich durch und durch trocken sind. Das kann je nach Konsistenz und Form schnell gehen und nur 30 Minuten dauern. Wir hatten jedoch auch schon welche, die drei Stunden und länger benötigt haben. Es ist aber leicht testbar, indem man eben nachfühlt, einen mal rausholt und zerdrückt oder teilt. Wir Hotzis sind dann stets die Vorkoster, ein oberwichtiger Job, den wir aber mehr als gerne fürs Allgemeinwohl übernehmen. Total selbstlos selbstverfreilich. Ist Ehrensache. Eine alternative Möglichkeit zum Trocknen der Leckerli im Backofen ist im Übrigen ein Dörrautomat. Bei kleineren Mengen macht unsere Mami das damit.

Ihr könnt die Leckerchen im Winter aber ebenfalls auf die Heizung legen oder im Sommer in die knallende Sonne. So spart man dann Energie.

Achtung! Verpackt ihr die Kekse zu früh, wenn sie noch warm oder eben nicht richtig durchgetrocknet sind, könnten sie schimmeln.

Die Art der Lagerung verlängert ebenfalls die Haltbarkeit. Damit sich keine Feuchtigkeit bildet, verpackt sie nicht luftdicht, sodass die Snacks weiter ,atmen' können. Wir nutzen Keksvorratsdosen und haben die dann bei durchschnittlicher Raumtemperatur im Schrank. Meidet direkte Sonneneinstrahlung. Dadurch steigt die Temperatur und es bildet sich Feuchtigkeit.

Wenn ihr diese Tricks anwendet, werden eure Kekse mindestens vierzehn Tage halten, je nach Inhaltsstoffen und richtiger Lagerung auch acht bis zwölf Wochen.

Wobei, bei uns ist das Wunschdenken der Ollen. Die werden bei uns nämlich nie so alt ... aber nur weil wir sie vorher schon alle aufgefuttert haben.

Im Sommer bekommen wir selbstgemachtes Hundeeis, manchmal in kleinen Formen, mitunter in Kongs gefüllt. Letzterer ist ja ein Kauspielzeug aus Naturkautschuk, das es in verschiedenen Größen und Härten gibt. Passt aber bei der Auswahl der Größe bitte auf. Es ist wichtig, dass der Unterkiefer nicht in die Öffnung passt. Das ist zum einen ziemlich unangenehm für uns Vierbeiner und kann durchaus mal gefährlich werden. Zum anderen macht die Eisschleckerei viel mehr Spaß, wenn man sie eben Stück für Stück herauslecken kann und dabei etwas gefordert ist. Falls euer Hund das zum ersten Mal mit einem gefüllten Kong macht, helft ihm zunächst einmal. Haltet den Kong fest, bis er merkt, wie es funktioniert. Oder befüllt ihn erst mal locker mit ein paar kleinen Leckerlis zum Üben, ehe ihr das Ganze mit Eis macht. Ihr werdet sehen, er wird gewiss viel Spaß daran finden, denn er ist nicht nur mit Freude körperlich sowie geistig beschäftigt, das Ganze befriedigt außerdem ungemein sein Kaubedürfnis.

Manche Leckerlis macht unser Frauchen im Übrigen in Backmatten.
Der Vorteil an ihnen ist, dass die Leckerli echt klein sind und so prima zum Training genutzt werden können. Zumindest bei unseren Matten ist das so. Es gibt sie in ganz unterschiedlichen Größen.
Und wer sich wundert, wieso Backmatte und so: Ja, wir wissen, ursprünglich sind die nicht erfunden worden, um schmackhafte Hundeleckerli zu produzieren, sondern bisweilen um fettige

Speisen im Ofen „abtropfen" zu lassen.
Aber irgendwann war mal jemand so
pfiffig und hat diese
Anwendungsmöglichkeit entdeckt. Also
wir finden das bombastisch.

Man bekommt sie überall im Internet. Wir
haben sie in Kugelform (wir nutzen die 1
und 2cm Lochgröße), es gibt sie aber
ebenso in Pyramidenform. Es ist ebenfalls
möglich andere ofenfeste Silikonformen
zu nutzen. Aber bedenkt dabei, je größer
das Backgut, umso länger dann die
Backzeit.

Bevor ihr die Silikonformen und
Backmatten das erste Mal benutzt, solltet
ihr sie aber unbedingt tempern oder
einmal Blindbacken. Silikon ist zwar kein
gesundheitsschädliches Material, jedoch
werden für den Herstellungsprozess
schädliche flüchtige organische Stoffe
verwendet. Die sind für die Produktion

notwendig, müssen aber wieder entfernt werden. Da dies in der Herstellung ein aufwändiger und nicht preiswerter Prozess ist, erledigen manche Firmen das nur halbherzig, wenn überhaupt. Um sicherzugehen, solltet ihr die Matten gründlich spülen oder in die Spülmaschine packen. Danach kommen sie für etwa vier Stunden bei 200 Grad in den Backofen, damit die Schadstoffe ausdünsten. Achtung: Macht am besten das Fenster auf, es ist möglich, dass sie anfangs ordentlich qualmen und stinken. Es ist auch angeraten, dass sich dabei erst mal niemand in der Küche aufhält. Die Dämpfe sind tatsächlich nicht ohne.

Alternativ könnt ihr die Matten nach dem gründlichen Spülen in einem Topf mit reichlich Wasser auskochen. So macht es unsere Hotzi-Mami in der Tat meistens. Sie schaut dabei nicht unbedingt auf die

Uhr, aber mindestens eine halbe bis dreiviertel Stunde dauert das schon. Anknüpfend rührt sie einen Blindteig an. Dafür mischt sie einen Teig aus 60% Wasser und 40 % Mehl und backt ihn bei 180 Grad bis er sehr, sehr braun ist. Dabei gehen die restlichen Schadstoffe in den Teig über und man entsorgt ihn später einfach. Jetzt ist die Matte bereit für unsere Leckerli.

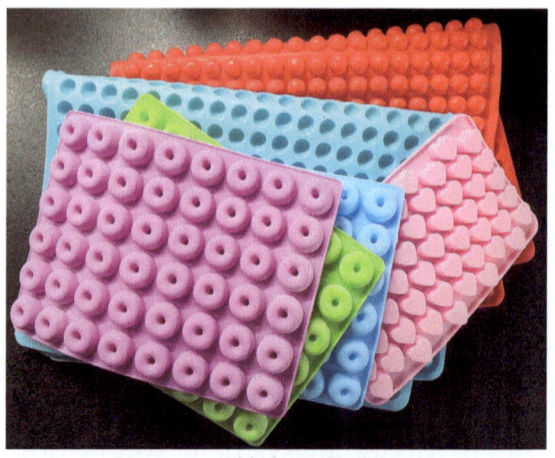

Unsere verschiedenen Backmatten

Bevor es jetzt aber endlich losgeht, haben wir noch ein paar wissenswerte Informationen zu den Zutaten in den Rezepten.

Die Lactose (Milchzucker), die in Milchprodukten enthalten ist, kann von vielen Hunden nicht aufgespalten werden. Dadurch können sie Verdauungsbeschwerden und Durchfall bekommen. Ziegenmilch ist da eine gute Alternative. Diese ist andersartig zusammengesetzt als Kuhmilch. Sie ist eine natürliche Quelle für hochwertige Eiweiße, Mineralstoffe, Vitamine und Spurenelemente. Außerdem ist sie reich an Vitamin A sowie essentiellen Fettsäuren. Dazu hat sie eine positiv aufbauende Wirkung auf die Darmflora und das Immunsystem. Unser Frauchen nutzt Ziegenmilch auch erfolgreich in der Welpenaufzucht und hat das Glück, sie hier beim Bauern kaufen zu können. Mittlerweile gibt es sie ebenfalls in diversen Supermärkten zu erwerben. Doch ihr werdet wenig direkte Milch in unseren Rezepten finden, sondern vergorene Milchprodukte wie Quark, Hüttenkäse oder Joghurt. Die werden in der Regel gut von Hunden vertragen, da sie nur wenig Lactose enthalten.

Und dann haben wir schließlich eine letzte Erklärung, die leider sein muss:

Wir aus Hotzihausen und insbesondere unsere Zweibeinerin übernehmen keinerlei Haftung dafür, ob die Rezepte und die darin beschriebenen Nahrungsmittel und Portionierungen die Richtigen für die Größe, die Verträglichkeit und das Gewicht eurer Hunde und deren Gesundheitszustand sind und ihnen gerecht werden. Sie sind lediglich allgemeine Werte und das, was unser Frauchen eben für uns nach bestem Wissen und Gewissen zaubert. Aber es gibt von uns keine Garantie dafür, dass es für alle Hunde passend bzw. übereinstimmend ist. Das versteht ihr sicher.

Preiset die Leberwurst

Der Titel sagt doch schon alles, oder? Also der Zweibeiner, dem irgendwann mal die Idee gekommen ist, dieses derart deliziöse und für uns Hotzis quasi überlebenswichtigste Lebensmittel zu erfinden, gehört gelobt und gepriesen! Den würden wir unglaublich gerne in einem Hotzibad niederknutschen! Ehrlich, der bekommt einen Hotziorden von uns verliehen!!! Lecker, lecker und nochmal lecker. Und uns selber ist es egal, ob es die Hundeleberwurst ist, die Feine vom Metzger oder gar die Selbstgemachte. Wir lieben sie alle. Als Belohnung, als Bestechung, als Transportmittel für eventuelle Medikamente ... aber am alleroberliebsten in unseren megafantasziösleckeren Leckerlis. Die Hotzi-Mami hat da einige Varianten und

nach ein paar extra Schlabberknutschis hat
sie die für euch rausgerückt.

Zutaten für die Leberwurstkekse:

100g feine Haferflocken
100g grobe Haferflocken
150g Hüttenkäse
150g Leberwurst
2 EL Olivenöl
1 Ei

Zubereitung:

Die Zubereitung ist echt fix durchführbar. Einfach alle Zutaten in einer Schüssel gut vermischen. Für den Fall, dass euch der Teig etwas zu fest vorkommt, gebt ein bisschen Wasser oder Ziegenmilch dazu. Aber eigentlich ist er in der Mischung genau richtig.

Wenn alles anständig durchgerührt ist, legt ihr auf einem Backblech Backpapier aus und schmiert die Masse darauf, bis er etwa 0,5 cm dick ist. Meistens nutzt unsere

Menschin ihre leicht angefeuchteten Finger dazu, man schafft es aber auch mit dem Silikonspatel. Wenn die Leckerli später fertig gebacken sind, schneidet ihr die ‚Schmackofatzplatte' mit einem Pizzaroller oder einem Messer in kleine Stücke.

Alternativ könnt ihr aus dem Teig Kugeln formen. Die Hotzi-Mami macht sie recht klein und auch nicht so dick, weil sie ja später leicht durchgetrocknet werden müssen, um haltbarer zu werden.

Egal welche Variante ihr wählt, im Anschluss lasst ihr sie bei 180 Grad (Umluft) etwa 20 – 40 Minuten backen. Die Backzeit hängt von der dicke eures Teiges ab.

Wie das dann mit dem Durchtrocknen funktioniert, haben wir ja eingangs schon beschrieben.

Der rohe Leberwurstteig auf dem Backblech

Die fertigen Kekse in der Dose

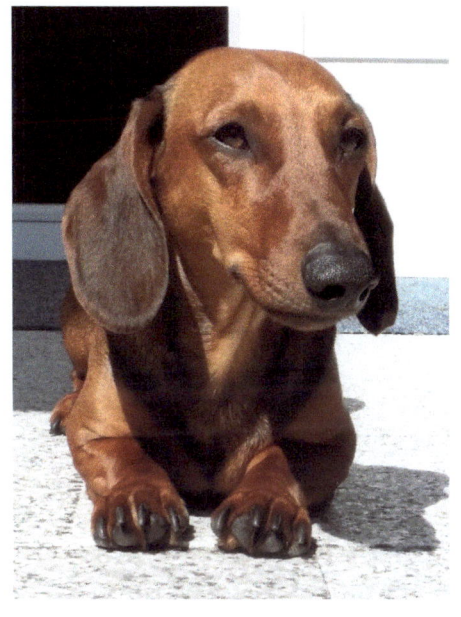
Bobby

Apropos, bei explizit diesen Leckerli fällt
uns der 1. Räuberhauptmann ein, Graf
Bobby, der ja leider schon im
Regenbogenland lebt. Also eigentlich fällt
der uns generell beim Thema Essen ein,
denn der hatte es absolut drauf, extremen
Gnomebefall auf Leckereien zu bemerken.

Unsere Susi ist da im Übrigen ebenfalls Profi drin, weshalb ihre Tochter Josie daher genetisch bedingt doppelt belastet ist. Darum wäre es ein Unding ihr vorzuwerfen, dass ihr das eine oder andere Stück Menschenmahlzeit irgendwie zwischen die Zähne kommt, nicht wahr?

Aber wir waren ja bei Bobby.
Vor ihm war wirklich nichts sicher, echt gar nichts. Sei es das halbe Pfund Butter, das einsam und vergessen auf dem Küchentisch rumstand und laut Bobby echt so traurig deswegen war, dass er es für erforderlich hielt, es zu erlösen. Uiuiui, das war faktisch das einzige Mal, dass ihm gediebte Ware nicht gut bekam. Da blieb ihm nichts weiter übrig, als ein paar Mal fettig zu brechen. Oder das Osternest der Kinder, manchmal auch deren Chips und Weingummis, sowie die Frikadelle des Besuches, der sie in seiner Tasche

eingepackt hatte. Bei allem hatte Bobby heldenhaft entdeckt, dass Gnome ein übles Spiel getrieben hatten. Auch das eine Mal, als es um die GANZE Pizza ging, die verlockend im Karton auf dem Tisch wartete, um vom Hotzi-Vati verspeist zu werden. Dieser hatte nur erst alle Hotzis in den Garten begleitet, damit jeder seiner Notdurft nachgehen und gleichzeitig von uns ein kurzer Hotzihausengrenzkontrollgang vollzogen werden konnte. Bobby war zunächst bei uns, hatte aber alles schnell erledigt und flitzte unbemerkt wieder ins Haus.

Tja und da lag die Pizza dann wohlduftend auf dem Tisch und sowie er nur mal kurz genüsslich in deren Richtung schnupperte, bemerkte er einen Gnom, der sich an dem Karton zu schaffen machte. Entsetzt beobachtete Bobby das Spektakel, brummte das hinterhältige Viech warnend an. Der Gnom verschwand völlig unbeeindruckt und sich fälschlich in Sicherheit wähnend im Karton, er streckte sogar noch kurz die Zunge frech heraus.

Da war Hotzihausen in Not, das könnt ihr euch ja vorstellen. Nicht auszumalen, was der Gnom geplant hatte mit der Pizza anzustellen. Die Wahrscheinlichkeit wäre schlicht und ergreifend groß, dass der Hotzi-Vati nach dem Verzehr heftige Bauchweh bekommen hätte. Wenn nicht sogar Schlimmeres!!! Gnome sind eklatant gemeine Biester!

Es blieb Bobby gar keine andere Wahl, er war GEZWUNGEN zu handeln. Doch leider schien das Corpus Delikti zunächst unerreichbar. Es waren alle Stühle dicht an den Tisch herangeschoben. Die Zweibeiner hatten im Laufe der Jahre dazu gelernt und vermieden sämtliche „auf-den-Tisch-rauf-komm-Möglichkeiten". Einen wahren Helden hält sowas freilich nicht auf, sehr zur Verzweiflung unserer

Menschen, hähähähä. Ein bisschen hier, ein Stückchen da geschoben und schon war der Stuhl ein wenig zur Seite gerückt. Jetzt etwas den Bauch eingezogen und schwupps - kurz in die schmale Lücke zwischen Tisch und Sitzmöbel gequetscht und ab auf die Platte. Indessen waren in dem Moment schon verdächtige Geräusche von draußen zu hören, die darauf hindeuteten, dass die Hotzi-Crew samt Zweibeiner auf dem Rückmarsch war. Ergo musste es jetzt irrsinnig schnell gehen.

Kurzerhand packte Bobby den ganzen Karton, inklusive Gnom sowie Pizza, und verschleppte ihn in den entferntesten Hundekorb. Dort eliminierte er in Windeseile und mit absoluter Profisuperheldenkampftechnik zunächst das garstige Biest. Selbstlos, wie er war, hatte er im weiteren Verlauf ebenfalls fix die Pizza verdrückt. Die ganze selbstverfreilich! Gnomegift ist gleichwohl nur für Menschen gefährlich, nicht für Vierbeiner. Ehe der Olle wegen des vermeintlichen Genusses ernsthafte Folgen davongetragen hätte, war Bobby förmlich gezwungen zu handeln, um seinen besten Freund zu retten.

Der Hotzi-Vati fand ihn dann kurz darauf auf dem Rücken liegend im Körbchen vor, eine Pfote auf dem Bauch drapiert, der im Übrigen so dick wie der einer hochschwangeren Hündin war. Könnte sein, dass sogar ein leises, wenn auch sehr zufriedenes Stöhnen zu hören war, gepaart mit einem breiten Grinsen. Der Karton lag zerstört daneben und es war ziemlich eindeutig, wie stolz der Graf auf seine Rettungsmission und der damit einhergehenden Tatsache war, dass er erneut des Zweibeiners Leben gerettet hatte.

Damit war dann wieder bewiesen, dass
Helden ohne Umhang Hotzis heißen.
Tja, nicht umsonst war Graf Bobby der
„1. Räuberhauptmann"!

Zutaten für andere Leberwurstkekse:

80g Joghurt (wir wechseln hier zwischen normalem und welchem aus Ziegenmilch)
80g Leberwurst
50g Hirseflocken
30g gepuffter Amaranth
1 Ei

Zubereitung:

Hier werden wieder alle Zutaten gemischt. Der Teig ist optimal, wenn er in etwa die Konsistenz von Plätzchenteig hat, den man mit Förmchen aussticht. Sollte er vielleicht zu flüssig sein, gebt noch ein bisschen von dem Amaranth hinzu. Ist er zu fest, etwas Joghurt oder ein klein wenig Wasser, Ziegenmilch geht auch.
Nun rollt ihr ihn entweder aus und stecht Kekse aus. Alternativ könnt ihr es wie bei den anderen erwähnten Keksen machen,

nämlich ca 0,5cm dick auf ein mit
Backpapier ausgelegtem Blech verteilen
und bei 180 Grad Ober-Unterhitze 25-30
Minuten backen. Danach schneidet ihr sie
mit einem Pizzaroller oder Messer in
kleine Stücke.
Auch hier gilt wieder, die Kekse unbedingt
zu trocknen, damit sie haltbar sind.

die fertigen Leberwurstkekse

Zutaten für die Leberwurstkekse mit Backmatte:

250g Quark

2 Eier

3-4 EL Dinkelmehl

2 EL Öl

150g Leberwurst

Zubereitung:

Alle Zutaten gut vermischen. Nachdem ihr die Backmatte kurz unter kaltem Wasser gespült habt (nicht abtrocknen, nur rasch ausschütteln!), gebt ihr die Masse darauf und verteilt sie mit einem Teigschaber, bis alles in die Mulden verbracht ist. Achtung: Schaut, dass ihr den Teig außerhalb der Löcher gründlich abgeschabt bekommt, denn sonst verkleben die Leckerlis untereinander.

Dann ab in den Backofen. Wir legen immer Backpapier mit unter die Matte aufs Blech. Bei 180 Grad Umluft (200 Grad Ober-Unterhitze) 20 Minuten backen. Ihr werdet sehen, die Leckerli kommen dabei schon alleine aus der Form gequollen, wenn sie fast fertig sind.

Nach dem Backen müsst ihr die Matten aus dem Ofen holen. Damit ihr euch nicht die Finger verbrennt, lasst sie etwas abkühlen, ehe ihr die kleinen Delikatessen rausholt. Keine Bange, das ist nicht schwer, die meisten purzeln schon von alleine hinaus. Zum Schluss dann die obligatorische Trocknung, wie eingangs im Buch beschrieben.

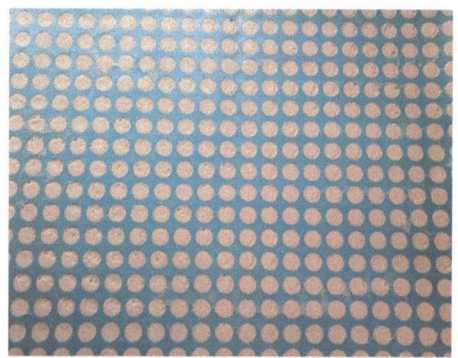

Die Leberwurstkekse in der Backmatte

So sehen die fertigen Kekse aus

Max

Bei diesen Keksen denken wir oft schmunzelnd an Opa Max. Seine Zähne waren nicht mehr die besten. Daher waren die kleinen Minischnabulisierungen perfekt für ihn.

Max war leider nicht lange Teil unseres Rudels. Die Zweibeiner entdeckten einen Aufruf in Facebook. Ein 16 Jahre alter Dackelopi saß verzweifelt im Tierheim. Er war blind, fast gänzlich taub, seine Zähne waren wie schon erwähnt nicht die dollsten, schwer herzkrank, hinlänglich dement und sein Rücken machte auch sehr große Probleme. Sein Frauchen war leider verstorben und da es niemanden gab, der sich um den alten Dackelmann kümmern konnte, landete er im Tierheim. Ach er war wirklich sehr verzweifelt dort und verstand die Welt so gar nicht mehr. Es war abscheulich für den armen Schatz. Unsere Zweibeiner besprachen sich nur kurz, nachdem sie den Beitrag gelesen hatten und mit Hilfe lieber Menschen war es den beiden möglich, den armen Kerl abzuholen.

Nun kam er also nach Hotzihausen und war tatsächlich unkastriert. Unser Bobby beschnüffelte ihn jedoch nur kurz. Schnell hatte er gecheckt, dass Max ein altes Männlein war und keine Konkurrenz für ihn im Rudel darstellte.

War er wirklich nicht, aber das hielt den alten Charmeur nicht davon ab, sämtliche Hotzimädels anzuflirten. Wir haben ja die Vermutung, dass er sich bereits im Paradies wähnte, als er Hotzihausen betrat. Sooo viele nette Dackelmädels, eine schöner als die andere ... und wie die dufteten. Max kramte seine ganzen Verführungskünste raus, umwarb alle mit voller Inbrunst. Ja er versuchte sogar mal „aufzureiten", fiel dabei jedoch wie ein nasser Sack um. Er war schlicht und ergreifend nicht mehr allzu stabil in den Hinterläufen. Das hinderte ihn dennoch nicht daran, es stetig und mit großer Ausdauer wieder zu probieren.

Kampfgeist hatte er. Einzig und allein die geknurrten „Backpfeifen" unserer Dackelinen ließen ihn nach ca. zwei bis drei Wochen aufgeben.

So sehr wie er im Tierheim gelitten hatte, so wohl fühlte er sich in seiner neuen

Familie. Gemeinsam mit Omi Kira, der schwarzen Labradorhündin, die damals noch unser Rudel bereicherte, bildete er ein richtig eingeschworenes Team. Zusammen waren sie bald der Ruhepol für uns Hotzis.

Wie schon erwähnt hatte der Teckelopi einen ernstlich schlimmen Rücken, weshalb er nicht mit im Bett schlief. Nicht auszudenken was hätte passieren können, wenn er damit aus der Pofe gesprungen wäre. Aufgrund dessen bekam er ein Körbchen gleich neben Frauchens Schlafstätte. Da es nachts im Schlafzimmer allerdings recht kühl war, die Zweibeiner schlafen bei jedem Wetter mit gekipptem Fenster, hatte er eine Supermegadeluxeausgabe von Bett. Erst kam der Korb, darin gab es dann eine flauschige Decke, darauf ein wunderbar warmes Schaffell, darüber ein dickes Kuschelkissen und selbstverständlich eine weitere Decke. Zum Schlafen bekam Max wegen seines Rückens außerdem einen Pullover an. Die Olle nannte es liebevoll seinen Schlafanzug. Und last but not least, wärmte ihm die Hotzi-Mami jeden Abend ein Moorgel-Wärmekissen auf, was mit in seinen Rücken kam.

Obwohl unser Mäxchen fast gänzlich taub war, kam er zu ihr gedackelt und ließ sich bereitwillig anziehen, sobald sie abends sagte: „Komm, es ist Zeit für deinen Schlafanzug". Danach legte die Mami ihn in sein Hundebett, gab ihm einen Kuss auf den Kopf, deckte ihn zu und begab sich dann selbst ins Bett.

Wenn sie alldieweil das Küsschen mal vergaß, weil sie abgelenkt war, kletterte er aus seinem Lager, kam zur Ollen und meckerte sie aus. Aber so ordentlich!!!! Voller Entrüstung stand er dann am Kopfende, bellte und schimpfte, was das Zeug hielt. Also rappelte sie sich wieder auf, nahm ihn zunächst knuddelnd auf den Arm, entschuldigte sich, legte ihn dann erneut ins Körbchen, deckte ihn zu und gab ihm den vergessenen Kuss auf die Stirn. Und siehe da! Unser Mäxchen schaffte es, sogleich selig und entspannt einzuschlafen. Die Hotzi-Mami gibt eben Zauberküsschen.

Leider waren uns nur vier Monate mit dem Schatz vergönnt. Lediglich drei Wochen vor seinem 17. Geburtstag, es war kurz vor Weihnachten, beschloss er, dass er sein geliebtes vorheriges Frauchen über die Feiertage nicht alleine im Regenbogenland lassen wollte.

Ganz friedlich hatte er sich neben unsere Hotzi-Mami gelegt und an der Art und Weise, wie er das tat, hatte sie schnell erkannt, was los war. Auch unser Django hatte das, denn er legte sich neben Max und beschützte ihn. Leckte ihm zwischendurch über die Augen und die

Nase, ließ uns restlichen Hotzis nicht mehr an ihn heran und sorgte dafür, dass er Ruhe hatte. Es dauerte einen ganzen Tag. Die Mami hatte sich die komplette Zeit nicht von Opis Seite bewegt, hielt ihn im Arm, streichelte ihn, flüsterte ihm leise Liebeserklärungen zu, malte ihm aus, wie seine Menschin schon sehnsüchtig auf ihn an der Brücke wartete. Schließlich war es so weit. Ein letztes Mal hob er mühsam seinen Kopf, holte tief Luft, seufzte .... und schritt, begleitet mit Djangos Nasenküssen und Mamis Tränen, über den Regenbogen.

Manche erklären unsere Zweibeinerin für verrückt, aber sie hatte das Gefühl, der letzte Seufzer war ein liebevolles Danke ...

Leberwurst

Dass wir die Leberwurst lieben, haben wir ja schon erwähnt. Deswegen hat die Hotzi-Mami uns auch vor Jahren das erste Mal selbst Leberwurst gemacht. Boah die ist so sosososooo unendlich lecker. Zugegebenermaßen macht sie die allerdings nicht so oft wie die Kekse. Die herzustellen findet sie ein bisschen „Sauerei" - wegen der Leber. Also grundlegend ist die Olle echt taff und kann zum Beispiel kopfüber in einem ganzen Pansen stecken, um ihn für uns mundgerecht fertig zu machen. Macht ihr alles nichts aus. Aber Leber findet sie immens bäh. Wir finden das jetzt nicht so und verstehen das auch nicht so recht. Doch so drei bis vier Mal im Jahr bekommen wir sie dann trotz alledem dazu überredet und für euch hat sie auch das Rezept rausgerückt. Übrigens ist für das Fleisch jede Tierart verwendbar, die eure Vierbeiner mögen. Oder vertragen, das ist ja auch oft so eine Sache. Bei uns gibt es immer Rind oder Huhn. Uns schmeckt beides sehr gut.

Zutaten:

325g Muskelfleisch

200g Leber

50g Fett, hier nehmen wir immer
Rinderfett, auch bei der Huhnvariante

2-3 Möhren

Wasser

Behältnisse für die Leberwurst. Wir
nutzen Silikon Reisefläschchen, die
hervorragend als Futtertuben
funktionieren. Da die Leberwurst dadurch,
dass sie keine Konservierungsstoffe hat,
nur begrenzt haltbar ist, haben wir einige
von den Tuben. Man kann sie prima
einfrieren und dann eben tubenweise
rausholen und benutzen.

Zubereitung:

Zuerst schneidet man das Fleisch sowie die Möhren in ziemlich kleine Stücke. Wer einen Fleischwolf hat, nutzt den einfachheitshalber.
Das Muskelfleisch, die Möhren und das Fett kommen in einen Kochtopf und werden mit Wasser bedeckt. Alles wird für gut 30 Minuten gekocht. Ihr müsst aber aufpassen und immer wieder Wasser nachfüllen, damit das Fleisch stets bedeckt bleibt. Schließlich gebt ihr die Leber dazu und kocht alles für weitere 10-15 Minuten.

Jetzt wird sämtliches Kochgut zusammen püriert. Die Hotzi-Mami hat dafür eine hohe Schüssel. Sie gibt dort immer portionsweise das Gargut mit etwas Kochwasser hinein und zermanscht alles mit ihrem Pürierstab. Wer eine Küchenmaschine besitzt, die diese

Funktion hat, hat es hier leichter. Je länger ihr püriert, umso feiner wird sie. Wir bekommen sie stets ganz fein püriert, weil es dann einfacher mit den Tuben ist.

Zu guter Letzt kommt alles in die Futtertuben. Unsere haben ohne den Deckel eine so große Öffnung, dass man sie bequem mit dem Kaffeelöffel befüllen kann. Sollte die Öffnung bei euch kleiner sein, füllt die Masse in eine Spritztüte (oder einen Gefrierbeutel, an dem eine kleine Ecke abgeschnitten wurde) und befüllt sie auf dem Weg.

Fertig!

Guuuten Appetit!

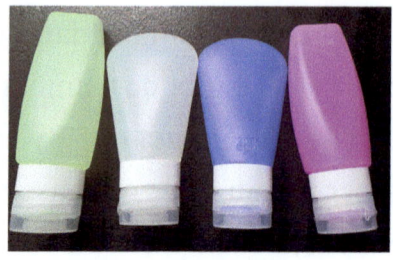

Die Silikon-Reisefläschchen

Das Kochgut am Anfang   Nach der Zugabe der Leber

Die fertige Leberwurstmasse

Kira

Für diese Leberwurst wäre unsere Omi
Kira vermutlich durchs Feuer gegangen.
Ihr erinnert euch? Die schwarze
Labradorhündin, die ursprünglich das
Urgestein unserer Hotzenplotzbande war.
Nun behaupten einige, dass Labradore
generell sehr verfressen sind. Aber Kira
war da ganz, ganz anders. Überhaupt nicht
gefräßig und gediebt hat sie echt nie.
Selbst nicht, wenn es direkt vor ihr auf
dem Boden lag. Zugegeben, uns

Dackelhotzis könnte das nie passieren,
aber Kira war endlos brav.

In der Zeit, als die Zweibeinerwelpen noch
klein waren, unsere Mami bislang nicht
mit Vati verheiratet und Kira bis dato
alleine war, gab es an Weihnachten eine
Tradition. Am 23. Dezember schmückten
sie gemeinsam den Baum, sangen kölsche
Weihnachtslieder, aßen ein paar
Leckereien, Frauchen trank eine Tasse
Glühwein und zusammen hatten sie eine
Menge Spaß dabei, alles fürs Christkind
herzurichten. Wenn die beiden Jungs dann
später im Bett waren, legte sie schon die
Geschenke unter den Baum.

Selbstverständlich bekam auch Kira
Präsente, meistens etwas besonders
Leckeres, denn an Spielzeug hatte sie
wenig Interesse.

An einem Weihnachtsfest, Kira war erst
etwa 3 Jahre alt, hatte unsere Menschin
nur ein kleines Stück Geschenkpapier

über. Darin mussten zwei Schweineohren, eine gepuffte Schweinsnase, ihr Lieblingsknochen und ein Meter Ochsenziemer verpackt werden.

Eigentlich, denn während sie es schaffte, alles andere darin einzuwickeln, fehlte ihr Papier für den langen Ziemer. Also packte sie die ganzen Leckereien zusammen so ein, dass aus dem Sammelpaket rechts und links eben der Ochsenziemer unverpackt herausschaute. So kam das Spezialgeschenk dann untern Baum. Kira kam, wie jedes Jahr, und schaute sich alle Pakete an, schnüffelte und fand natürlich sofort ihr eigenes. „Das gibt es erst morgen Mausi", war alles, was sie gesagt bekam. Unsere Omi drehte sich daraufhin um und legte sich in ihr Körbchen.

Sie hätte spielend leicht in der Nacht ihr Paket plündern oder wenigstens ein bisschen an den herausstehenden Ziemerenden kauen können. Insgeheim hatte die Olle auch damit gerechnet. Aber nein, alles lag am nächsten Tag so, wie sie es drapiert hatte.

Ja unser altes Mädchen war schon eine besonders liebe Maus. Sie hörte wirklich immer. Na ja ok, fast immer. Eine Ausnahme gab es da. Wenn sie Wasser sah, gab es keinerlei Halten mehr, egal ob Frauchen ursprünglich keine Zeit für ein ausgiebiges Labbi-Bad hatte oder auch, wenn es im tiefsten Winter normalerweise viel zu kalt fürs Planschen gewesen wäre. Da war sie durch und durch Labrador. Bei Wind und Wetter eroberte sie jeden See, jeden Fluss, jedes Meer und auch - jede Pfütze. Selbst Regen vermochte ihr nichts auszumachen, ganz im Gegenteil.

Kira war damals noch sehr jung. Die Hotzi-Mami lebte zu der Zeit zusammen mit den beiden Zweibeinerwelpen mitten in Köln. So führten sie die täglichen Gassigänge in einen Park. Der war etwas

tiefer gelegen und man folgte einigen
Treppen runter, ehe endlich viel Wiese,
Bäume und Büsche von Kira erobert
werden konnten. Nachmittags traf sie sich
hier immer mit einigen Leuten und ihren
Hunden, wodurch sie stets mindestens zu
sechs Vierbeinern waren und gemeinsam
den Park ordentlich in Form eines
freundschaftlichen Rudels rockten.
Es war Sommer und ursprünglich hatte die
Sonne herrlich geschienen. Ursprünglich -
denn Knall auf Fall brach ein heftiges
Hitzegewitter aus. Aber so richtig volle
Kanne. Es kamen Wassermassen herunter,
als kippe jemand ganze Kübel über einem
aus. Sturzbachartig floss das Wasser die
Treppen zum Park runter und binnen
kürzester Zeit war die Wiese ein kleiner
See. Es blitzte, es donnerte, es krachte
heftig. Alle sammelten sie ihre Vierbeiner
ein und eilten sich, damit sie ganz schnell
nach Hause kamen.

Das war ebenfalls Frauchens Plan -
freilich nicht der von Kira. Die rannte und
hüpfte und sprang durch sämtliche
Pfützen, schmiss sich in den Wiesensee
und wälzte sich genüsslich. Die
Sturzbäche an der Treppe nutzte sie
ausgelassen, um unbekümmert
hineinzubeißen, und sie flitzte in einem
Tempo durch den Park, bei dem so
mancher Windhund vor Neid erblasst
wäre.

Und die Hotzi-Mami? Die stand bis an die
Knöchel im Wasser, triefend nass bis auf
den Schlüppi und hatte nach knapp zehn
Minuten erkannt, dass alles Rufen nach
Kira sie nur heiser machen, aber zu
keinem Erfolg führen würde. Unsere Omi,
die da ja noch voll der Jungspund war,
hatte nicht nur ihre ‚fünf Minuten‘, sie
weitete diese auf eine halbe Stunde „Ich -
liebe - Wasser - und - hab - ne - Menge -
Spaß - denn - Lebensfreude - ist -

wunderbar - Regentanz" aus. Sie hatte
solch eine Freude, dass die Olle nicht mal
erbost sein konnte, sondern den Kopf
zurück in den Nacken legte, im
monsunartigen Regen stand und herzhaft
lachte.
Vielleicht ... ja vielleicht hätte unsere
Hotzi-Mami besser da schon die
Leberwurst selbst hergestellt. Wir sind uns
sicher, mit der als Belohnung hätte Kira
jedem Wasser getrotzt ... zumindest
solange, um sie genüsslich
aufzuschlecken.

Es lebe der Thunfisch

Wir könnten jetzt hier die gleiche
Liebeshymne zum Thunfisch von uns
geben, wie wir es für die Leberwurst getan
haben.
Keine Bange, unser Frauchen achtet
ausdrücklich drauf, dass sie nur den von
Hand geangelten Thunfisch in Dosen
kauft. So wie sie nur Fleisch von
„glücklichen Tieren" verwendet, so achtet
sie genauso beim Fisch darauf.
Allgemein lieben wir Hotzis jedweden
Fisch und der ist ja auch sehr gesund. Wir
haben nur leider das Pech, dass unsere
Olle nicht nur durch ein blödes Erlebnis
eine ausgeprägte Fischphobie hat und
diese daher nicht anfassen kann.
Außerdem hatte sie mal eine wirklich
gemeine und heftige Fischvergiftung.
Seitdem ist das Thema Fisch im Hause

Hotzenplotz fast tabu. Nur fast, denn Thunfisch bekommt sie zum Glück hin. Nicht gerne, aber für uns bringt sie das Opfer.

Gott sei Dank können wir da nur bellen, denn wir lieben, lieben, lieben, lieben Thunfisch einfach. In jedweder Form!!

Also wirklich sehr, sehr dollst lieben wir den.

Öhm ja ... wo waren wir?

Ach ja ... wie sehr wir Thunfisch lieben ...

Am alleroberliebstenmegadollst mögen macht das übrigens unsere Kralle.

Die Hotzenplotzbande

Kralle

Kralle, mittlerweile ist sie mit ihren zehn
Lenzen quasi die neue Omi unseres
Rudels, kam im Alter von zwei Jahren zu
uns. Gemeinsam mit Mücke, die zu dem
Zeitpunkt sechs Monate war. Die beiden
hatten zuvor bei einer lieben, mit unseren
Zweibeinern befreundeten Züchterin
gelebt und als die Olle Kralle das erste
Mal sah, war sie sofort schockverliebt. Ok,
das war sie bei jedem von uns. Die liebt ja
sämtliche Hunde und bei Dackeln hüpft
ihr Herz eh stets vor lauter Glück, aber bei

uns allen war es außerdem Liebe auf den ersten Blick. In die Augen gesehen und zack, war es um sie geschehen. Erging Kralle mit unseren Menschen wohl auch so, da sie ihnen nicht von der Seite wich. Manchmal ahnt das Herz eben mehr, als man denkt. Denn als sich im Jahr darauf die Lebensumstände der lieben Bekannten dramatisch änderten, sie in große Not geraten war und für ihre Dackelchen ein neues Zuhause brauchte, kamen wir auf den Plan und sie zog bei uns ein. Es waren anfangs recht wilde Zeiten bei uns. Wir waren ein junges Rudel, was sich erst einmal finden musste. Damals entstand dann auch unser Name: die Hotzenplotzbande – wie ja eingangs des Buches schon mal erwähnt.

Unsere Kralle war gleichwohl stets die eher Besonnene von uns. Die Erzieherin und die Melderin. Wenn etwas nicht stimmt, meldet sie das sofort und das mit voller Inbrunst. Sie ist da eben über die Maßen pflichtbewusst. Und sie passt auf, dass wir uns alle benehmen. Wenn wir zum Beispiel zu wild herumtoben, alles um uns herum vergessen und es schlichtweg übertreiben, kommt Kralle und unterbindet das. Aus gutem Grund, denn in dem Zustand könnten wir gar nicht richtig funktionieren, wenn auf einmal Gefahr bestände oder so. Da ist sie durchaus ziemlich streng, womit sie ja auch recht hat. Das Rudelgefüge ist eben wichtig.

Aber sie ist nicht nur unsere Erzieherin, sie ist die absolut weltbeste Kindergärtnerin. Kralle liebt Welpen abgöttisch. Sie war stets mit Leib und Seele selber Mama, aber auch wenn die anderen Mädels Minis hatten, gab, bzw. gibt es nichts Schöneres für sie, als sich mit um die Kleinen zu kümmern.

Dieser Umstand kam 2018 vier zauberhaften Dackelwelpen zugute. Unsere Mücke hatte einen Tag zuvor ihren letzten Wurf, die honigsüßen L-chens, gewölft, als uns ein Notruf ereilte. Vier frisch geborene Teckelwelpen brauchten eine Amme, weil ihre Mutti im Kaiserschnitt verstorben war.

Ursprünglich waren es fünf, aber eines hatte es leider nicht geschafft und war gemeinsam mit seiner Mama über die Regenbogenbrücke gegangen.

Unsere Zweibeiner brauchten gar nicht überlegen und holten die Kleinen sofort ab. Ebenso den Sternenwelpen. Wir haben ihn Ben getauft und er bekam als letzte Ruhestätte seinen Platz bei Oma Kira und Opa Max im Garten. Die Umstände der Geburt waren damals sehr unschön, aber da gehen wir jetzt nicht näher drauf ein. Wichtig ist nur, die Zweibeiner wollten den Kleinen helfen und nachdem unsere

Menschen mit den Minis zurückkehrten, legten sie sie zu Mücke, in der Hoffnung, dass sie diese adoptieren und zusammen mit ihren eigenen Kleinen aufziehen würde. Doch das funktionierte nicht. Mücke sortierte die fremden Welpen immer aus, legte sie beiseite und ließ sie nicht an sich ran. Wir Hunde haben da schlichtweg die richtigen Instinkte. Sie spürte instinktiv, dass sie neun Welpen, sie hatte ja selber fünf, einfach nicht gewachsen war.

Unsere Zweibeiner waren schon recht verzweifelt, denn sie wollten unbedingt den Kleinen helfen. Der Gedanke, sie könnten ihrer Mutter und ihrem Bruder folgen - unvorstellbar.

Sohin beschloss unser Frauchen, die Babys eben mit der Flasche groß zu ziehen. Egal was es kosten würde, aufgeben war keine Option. Tja und dann kam unsere Kralle ins Spiel. Sie war zu dem Zeitpunkt scheinschwanger. Kurz zur Erklärung für alle, die es nicht wissen: Scheinschwangerschaft bei Hunden hat die gute liebe Natur absichtlich eingerichtet. In einem Rudel bekommen nicht alle Hündinnen Nachwuchs. Aber alle passen sie sich mit der Hitze an und werden dann eben scheinschwanger. Einfach aus dem Grund, weil die Mutter recht zügig wieder mit auf die Jagd gehen muss. In der Zeit, wo sie deswegen unterwegs ist, kümmern sich Ammenhündinnen um die Welpen und säugen sie bei Bedarf. So eine Scheinschwangerschaft hat also durchaus Sinn. Unsere Hotzi-Mami wusste das und als Kralle immer wieder drängte, die Kleinen zu sehen und zu belecken, kam ihr das in ihrer Verzweiflung Gott sei Dank wieder ins Gedächtnis. Deshalb probierte sie es einfach aus. Sie richtete ein Körbchen für Kralle her und gab ihr

Stück für Stück die Kleinen. Und das Wunder geschah. Unsere Superheldin war sofort in ihrem Element, leckte zärtlich die Bäuche und zog sie alle dicht an sich heran, um sie zu wärmen. Da Kralle aber noch nicht genug eigene Milch hatte, bekam sie von der Tierärztin entsprechende Spritzen. Vierzehn Tage hat unser Frauchen die Kleinen Tag und Nacht alle zwei Stunden mit der Flasche gefüttert und Kralle hat sie danach umsorgt und gehegt. Schließlich hatte sie genug eigene Milch und gab ihnen das Rundumpaket. Wir nannten die Welpen unsere Glückskäfer und alle bekamen sie einen Namen, der mit Glück zu tun hatte: Lucky, Hanna, Helge und Felix.

Heute sind sie alle fröhliche, lebenslustige, prächtige Dackel, die ihren Menschen die Liebe schenken, die wir bei ihnen so hingebungsvoll gesät haben.

Und unsere Kralle? Sie hatte sehr eindrucksvoll bewiesen, dass sie eine wahre Superheldin ohne Umhang ist!

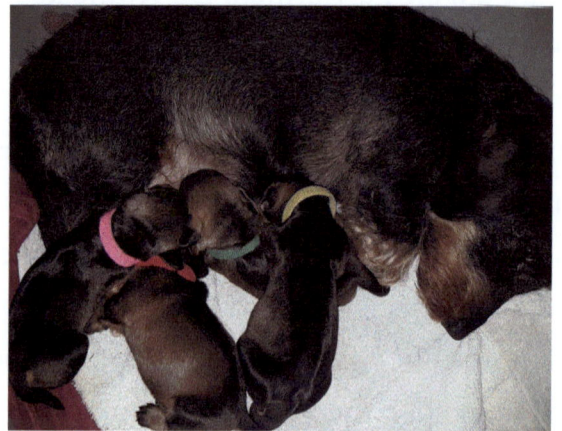

Kralle mit den Glückskäferchen

Zutaten für die Thunfischkekse:

200g Haferflocken, egal ob fein oder grob.
Wir nehmen meist halb und halb
150g Hüttenkäse
1 Dose Thunfisch im eigenen Saft
1-2 EL Olivenöl
1 Ei
Evtl. eine Möhre

Zubereitung:

Alle Zutaten kommen in eine Schüssel
und werden gründlich gemischt. Wer mag,
kann eine kleine geraspelte Möhre mit in
den Teig geben. Wir lassen sie aber lieber
weg und essen die Karotte, während die
Kekse backen.
Vorher aber müsst ihr das Backblech mit
einem Backpapier auslegen und verteilt
dann die ganze Masse darauf. Alles
kommt alsdann in den Ofen bei Umluft

mit 160 Grad. Nach 10 Minuten zieht ihr das Blech noch mal raus und schneidet mit einem Pizzaroller oder einem Messer kleine Stücke. Je nachdem sieht es so aus, als ob sie nicht richtig durchgeschnitten sind. Das macht aber nichts, nach dem Backen brecht ihr sie ganz leicht wie eine Tafel Schokolade auseinander.

Das Blech wird wieder in den Ofen geschoben, denn die Kekse brauchen weitere 15-20 Minuten Backzeit. Das ist ein bisschen davon abhängig, wie euer Ofen eben so backt, aber auch, wie dick ihr den Teig auf dem Blech verteilt habt. Je dünner, desto schneller sind die Kekse fertig. Am besten bleibt ihr in Ofennähe und habt ein Auge drauf.

Sind sie schließlich fertig, holt ihr die Kekse raus. Nach einer kleiner Abkühlphase könnt ihr sie auseinanderbrechen.

Vergesst nicht, sie im Folgenden noch
gründlich durchzutrocknen.
Fertig!
Wir lieben, lieben, lieben die!!! Ja ok ...
wir lieben ALLE Leckereien, die die
Hotzi-Mami so für uns produziert.

Fertige Thunfischkekse

Noch eine Anmerkung am Rande:

Es ist exorbitant, um nicht zu sagen, obermegagigadollhotzifastischst wichtig, dass eure Fellnasen unbedingt bei der kompletten Leckerli-Produktion helfen. Es ist der unerlässlichste Job bei dem Ganzen. Erst muss die Masse natürlich vorgekostet werden, ehe sie gebacken wird. Dann obliegt es uns, die Schüssel samt Zubehör zu spülen und zum Schluss muss auch das Ergebnis getestet werden. Logisch oder?

Wir während der Erfüllung
unserer Pflichten

Zutaten für Thunfischkekse mit Backmatte:

1 Dose Thunfisch im eigenen Saft
125g Buchweizenmehl (alternativ ist auch Dinkelmehl möglich)
2 Eier
1 EL Olivenöl
Eventuell etwas Wasser, falls der Teig zu fest sein sollte. Ideal ist er, wenn er ein bisschen an Waffelteig erinnert.

Zubereitung:

Unsere Hotzi-Mami passiert zunächst in einer hohen Schüssel den Thunfisch mit dem Passierstab inklusive des eigenen Saftes und des Öls. Das gibt später einen schönen homogenen Teig. Die anderen Zutaten in der Folge hinzugeben und gründlich durchmischen.

Die Masse dann auf die Backmatte geben und mit einem Teigschaber gut verteilen, bis alles in die Vertiefungen verbracht ist. Achtung. Denkt daran, dass ihr den Teig außerhalb der Löcher sauber abschabt, denn sonst verkleben die Leckerlis untereinander.

Dann geht es ab in den Backofen und bei 150 Grad Umluft 30 - 45 Minuten (kommt auf den Ofen an) backen.

Vergesst das Trocknen zum Schluss nicht, so wie anfangs des Buches beschrieben.

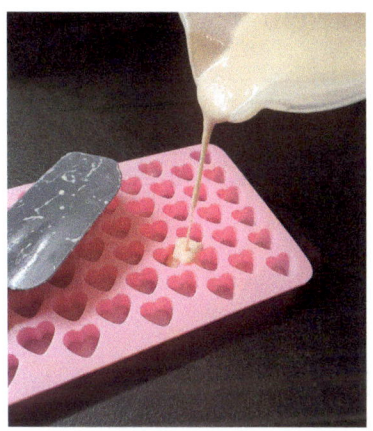

Beim Teig einfüllen

Die fertigen Kekse

Zutaten für ein weiteres Thunfischkeksrezept:

1 Dose Thunfisch im eigenen Saft
250g Quark
2 Eier
1 EL Olivenöl
1-2 EL Kartoffelmehl/Kartoffelstärke

Zubereitung:

Den Thunfisch mit dem Passierstab wieder inklusive des eigenen Saftes passieren. Ihr könnt auch schon den Quark mit dazu geben. Dann gebt ihr die Kartoffelstärke und das Öl hinzu, vermischt alles gründlich und verteilt es auf die Backmatten. Mit dem Silikonspatel abstreifen und im Backofen bei 180 Grad 20-25 Minuten backen.
Und wie bei allen Keksen das Nachtrocknen nicht vergessen.

Abstreifen des Teiges

Die fertigen Leckerli

Das Leben ist viel schöner mit Käse

Susi

Susi kam mit fünf Monaten zu uns. Die Zweibeiner hatten damals einen Aufruf in Facebook gesehen, in dem ein fünfmonatiger Dackelwelpe im Tierheim saß und ein neues Zuhause suchte.
Noch in der gleichen Stunde telefonierten sie mit dem Tierheim und machten sich kurz darauf auf den Weg.

Es würde jetzt zu lange dauern alles zu beschreiben, aber sie fanden eine schüchterne, kleine Maus vor, die die beiden sofort ins Herz geschlossen hatten und andersrum. Sie wich ihnen nicht von der Seite und fühlte sich wohl gleich angekommen. Tatsächlich waren wir bereits die fünfte Familie für sie und das, wo sie doch noch ein Welpe war. Sie könne nichts hieß es, sie würde weder Männer mögen, Hunde genauso wenig, sie würde beißen und anfassen ließe sie sich auch nicht. Nun denn – Susi saß nach etwa zwei Minuten auf dem Schoß der Hotzi-Mami und gab ihr Küsschen ... so viel dazu. Genau genommen konnte man den Eindruck gewinnen, als hätte sie ein bisschen vorwurfsvoll gefragt: „Mensch, wo wart ihr nur und wieso habt ihr so lange gebraucht? Hab mich zig mal verlaufen – aber jetzt bin ich endlich daheim ...“

Jeder sagt, sie sähe aus wie eine Lady –
dabei ist sie charakterlich eher der Typus
„Luzie Schrecken der Straße", die Älteren
von euch werden die Kinderserie sicher
noch kennen. Pippi Langstrumpf wäre
auch vergleichbar. Sie bereichert unser
Rudel so sehr und es macht unsere
Menschen unendlich glücklich, dass Susi
sie im Tierheim sofort adoptiert hatte.
Heute ist sie eine fröhliche, selbstsichere
Hotziline. Im Übrigen hat sie einen
wichtigen Job im Rudel.
Sie ist hier nämlich die Fachkraft für
Eigentumsübertragungen, Fachrichtung
Lebensmittel. Soll heißen, sie entdeckt
ständig gnomeverseuchtes Essen der
Zweibeiner und ist hervorragend darin, sie
davor zu beschützen, indem sie sich die
Sachen aneignet und vertilgt. Dabei
kommt ihr zugute, dass sie eine enorme
Sprungkraft hat. Ihr wird deswegen die
geheime Verwandtschaft mit einem

Känguru unterstellt. Selbst die Arbeitsplatte in der Küche stellt kein Problem für sie dar. Diese Fähigkeiten hat sie übrigens eins zu eins an ihre Tochter Josie weitergegeben, sehr zur Freude der Zweibeiner. Die wissen eben auch, wie wichtig dieser heldenhafte Einsatz ist.

Und ganz, ganz, ganz oft ist Susi gezwungen Essenssachen zu klauen - ähm sorry, von Gnomen zu befreien - wenn sie mit Käse zu tun haben ...

Geschmack hat sie eben, hehehe.

Zutaten für leckere Käsekugeln:

100g geriebenen Emmentaler
200g Dinkelmehl
1 EL Olivenöl
2-3 EL gehackte Petersilie
6-10 EL Wasser

Zubereitung:

Ihr gebt das Mehl in eine Schüssel, das Öl
kommt hinzu und nach und nach auch das
Wasser, bis der Teig eine geschmeidige
Konsistenz hat. Die Petersilie (Achtung!!!
Petersilie ist nicht für tragende Hündinnen
geeignet) untermischen und dann
zusammen mit dem Käse gründlich
durchkneten. Der Teig sollte nicht zu
flüssig sein, denn wir rollen daraus kleine
Kugeln und legen sie auf ein mit
Backpapier ausgelegtes Backblech. Die

Größe der Kugeln könnt ihr ja der Größe
eures Hundes anpassen. Unsere haben
immer so einen Durchmesser von ca 1-2
cm. Schließlich im Ofen bei 180 Grad für
20-30 Minuten backen, kommt drauf an,
wie groß ihr gekugelt habt.
Am Schluss dann wieder für die
Haltbarkeit trocknen.

Fertige Käsekugeln

Zutaten für Käseleckerli in der Backmatte:

150g geriebenen Parmesan
3 Eier

Man kann auch variieren und
75g geriebenen Parmesan
75g geriebenen Emmentaler
3 Eier nehmen.
Meistens macht unsere Hotzi-Mami aber
die erste Variante.

Zubereitung:

Alle Zutaten in einer Schüssel anständig
vermischen. Den Teig in die Backmatte
streichen und mit dem Silikonspatel gut
abstreifen.
Bei 180 Grad Umluft ca 20-25 Minuten
backen und danach wieder gut
durchtrocknen.

Dies sind tatsächlich die gelingsichersten und einfachsten Leckerli überhaupt und wir mögen die so, so, so, so, so unendlich gerne. Übrigens ... unser Hotzi-Vati liebt die auch. Wenn die Olle die backt, ist sie gezwungen die bis zum Trocknen zu verstecken. Sonst bediebt er uns nämlich die ganze Zeit und knabbert die selber. Er nennt sie seine Carbonarakekse, hahaha.

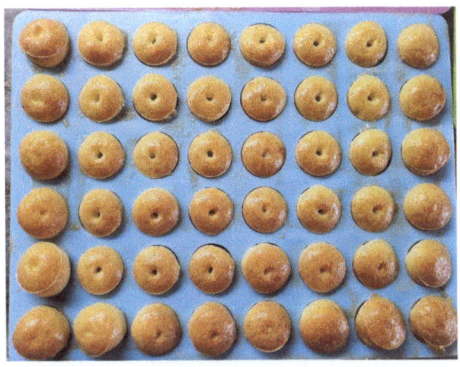

Fertige Käseleckerli

Frischer Atem gefällig?

Also wir Hotzis haben alle beachtenswert vorbildliche Zähne. Das liegt zum einen daran, dass wir qualitativ hochwertig und nahezu getreidefrei gefüttert werden, zum anderen liegt es daran, dass wir jeden Tag etwas zum Zerkauen haben. Wir stehen einfach auf Hasenohren, getrockneten Pansen und so.

Und dann macht die Hotzi-Mami uns zusätzlich schon mal spezielle Zahnputzkekse. Da ist so ein gepufftes Gedöhnse drin, was sich ein bisschen wie Kaugummi kaut. Also nur ein bisschen, aber dieser Effekt gepaart mit dem mechanischen Abrieb, weil die Kekse gleichzeitig auch recht hart sind, schrubbt ganz gut an den Zähnen rum. Außerdem ist da Hüttenkäse drin. Ok, der ist teilweise auch in den anderen

Schnabulasitäten. Das ist wirklich gut, denn der Hüttenkäse neutralisiert quasi die Bakterien im Maul, die die Karies verursachen.

Wenn dann da noch Petersilie mit reinkommt, habt ihr zusätzlich was gegen schlechten Atem. Petersilie ist überhaupt ein kleines Wunderkraut. Das verstärkt das Immunsystem, ist reich an Vitamin C und stärkt Leber, Niere und Blase. (Achtung!! Nicht an trächtige Hündinnen verfüttern, das kann sich negativ auswirken!)

Wir mögen auch Minze. Die hat eine antiseptische Wirkung und wir finden sie lecker. Ob eure Vierbeiner da Gefallen dran haben, müsstet ihr ausprobieren.

Zutaten für die frischer Atem- Leckerli:

1 Ei

200g Hüttenkäse

1 gut gehäufter EL frische, gehackte Petersilie

1 EL frische, gehackte Minze (wenn euer Hund die nicht mag, 2 EL Petersilie nehmen)

50g körnige Haferflocken

50g Buchweizenmehl

2 EL Kokosöl

40-50g gepuffter Amaranth, so viel, dass der Teig gut rollbar ist

Zubereitung:

Alle Zutaten in eine Schüssel geben und gründlich miteinander verrühren bzw. verkneten. Danach ein Backblech mit Backpapier auslegen. Mit leicht angefeuchteten Händen nimmt unsere Hotzi-Mami nun immer etwas Teig, rollt den erst zu einer festen Kugel zwischen den Händen und macht dann einen länglichen Stick daraus. Drückt sie dabei kontinuierlich zusammen.

Nun kommt es darauf an, wie dick ihr sie rollt. Unsere Sticks sind geschätzt daumendick und brauchen im Backofen bei 160 Grad Ober-Unterhitze ca 60 -70 Minuten. Sind sie dünner, werden sie schneller fertig. Wer gar keine Sticks haben möchte, kann den Teig ausrollen und ihn mit Plätzchenförmchen ausstechen. Dann brauchen sie nur ca 20 Minuten. Am besten ist es, wenn ihr die

Kekse gut beobachtet und zwischendurch mal vorsichtig fühlt, ob sie schon hart sind.

Vergesst nicht, sie in Folge noch weiter gründlich zu trocknen. Nicht nur wegen der Haltbarkeit. Die harte Konsistenz ist ebenfalls wichtig.

Fertige Knabberstangen

Bei all den Leckerli-Varianten sind dies hier die Lieblinge von unserem Artus. Er ist der Wächter des Rudels, hat stets alles im Blick und die Grenzen werden von ihm streng kontrolliert. Weder Vogel, noch Maus und natürlich auch kein Gnom haben eine Chance, unbemerkt in unser Hotzihausen einzudringen. Da zählt übrigens auch die Nachbarskatze zu, die manchmal ziemlich leichtsinnig durch unseren Garten springt, während wir dort zeitgleich für Ordnung sorgen. Die Olle vermutet, dass es eine Art Kamikazetraining ist oder dass sie sich durch das Gefahrerlebnis einen besonderen Kick holt.

Eben diese Nachbarskatze hatte unsere Zweibeinerin mal wieder in Verdacht, als sie Artus am Zaun vehement bellen hörte. Er wollte partout nicht reinkommen, egal was sie anstellte. Spätestens wenn sie den

Ton anschlägt, bei dem sogar Steine anfangen zu weinen und zu schwitzen, stehen wir alle Gewehr bei Fuß. Doch in dem Moment schenkte er dem keine Beachtung. Er bellte und bellte und bellte in einer Eindringlichkeit, bis sie letztendlich auf den Trichter kam, mal zu kontrollieren, was denn los ist.

Nun ist es so, dass Hotzihausen sehr ländlich liegt. Wir sind umgeben von Bauernhöfen und Feldern und direkt an unseren Garten schließt der Obstgarten vom Bauern an. Und dort lässt er zwischenzeitlich seine Schafe grasen.

Tja und als die Hotzi-Mami endlich am anderen Ende unseres Gartens ankam und durchs Gebüsch lunzte, was denn Artus so ungehalten sein ließ, entdeckte sie eines der besagten Schafe, was in Not geraten war.

Wenn Schafe auf dem Rücken festliegen, auch seitlich manchmal, kommen sie je nachdem nicht von alleine wieder hoch. Das kann im schlimmsten Fall sogar tödlich für die Armen ausgehen. Schafe sind Wiederkäuer und haben einen Pansenmagen. Liegen sie auf dem Rücken, funktioniert dieser Vorgang nicht und das Tier würde ersticken. Davon abgesehen, dass auch die Organe auf die Lunge drücken, was ebenfalls zum Ersticken führen kann. Deswegen ist es total wichtig, wenn man so etwas sieht, dass man das Schaf schubst. Es braucht gar nicht viel dazu und ist recht einfach. Also in echt ... wenn unsere Olle das hinbekommt, dann ihr sowieso. Wichtig ist, dass ihr das Schaf im Weiteren erst mal beobachtet. Wenn es schon länger so gelegen hat, haben sich die Organe verschoben und es fällt gleich wieder um. Keine Angst, durch das wiederholte Schupsen und erneute Aufspringen, richtet sich wieder alles an seinen Platz und das

Tier läuft munter seiner Wege. Ihr braucht auch keine Angst haben, dass es vom Schäfer oder Bauern Schimpfe gibt. Obwohl man normalerweise die Weiden nicht betreten soll, ist es in dem Fall natürlich erlaubt und jeder wird euch dafür dankbar sein.

Wer da mehr Infos möchte, im Internet einfach mal nach „Schafe schubsen" suchen. Da gibt es auch einige Videos.

Wir waren aber ja bei Artus stehen geblieben. Durch sein konzentriertes Aufpassen hatte er natürlich direkt entdeckt, dass dieses Nachbarschaf in höchster Not war. Wie hätte er da auf Frauchens Rufen hören können, schließlich war diese Meldung von äußerster, lebensrettender und hotzifastischer Wichtigkeit.

Sie flitze dann auch fix direkt rüber, zweimal geschubst und alles war wieder in Ordnung.

Tja und was hat das erneut gezeigt? Genau, Helden ohne Umhang heißen einfach Hotzis und unser Artus war da ein absoluter Superheld!

Artus

Wir Hotzis lieben auch Obst

Ja, ihr habt richtig gelesen. Auf Facebook und Instagram wird immer wieder bestaunt, was wir alles von dem „gesunden Zeugs" so verspeisen, und zwar mit Genuss!
Im Sommer gibt es für uns zum Beispiel reichlich Wassermelone. Die ist herrlich erfrischend. Jeden Abend isst die Hotzi-Mami aber auch einen Apfel und nimmt sich immer schon direkt zwei mit ins Wohnzimmer, weil ihr klar ist, dass sie mit elf Hotzis zu teilen hat. Sämtliche Beeren sind außerordentlich lecker. Die Olle fürchtet schon um ihren neuen Himbeerstrauch. Wobei weniger um den Strauch, sondern mehr, dass sie potentiell wenig bis gar keine Ernte haben wird, weil wir schneller im Pflücken sind. Möhren sind im Übrigen ebenso super, genauso

wie Zucchini, Sellerie, Fenchel, Gurke und vieles mehr.

An vorderster Front steht übrigens stets unsere Mücke, wenn die Mami Obst und Gemüse verteilt, oder eben auch die von uns heiß begehrten Obstleckerli, die wir euch gleich beschreiben werden.

Wer unsere Mücke kennt, müsste streng genommen staunen, dass sie so obstaffin ist. Sie ist die erfolgreichste und gnadenloseste Jägerin von uns. Da wir, wie ja schon erwähnt, auf dem Land leben, direkt neben Bauernhöfen und Feldern, gibt es bei uns reichlich Mäuse. Selbst bei der Vogeljagd war sie schon erfolgreich und wenn man sie lassen würde, würde sie es auch mit anderen Tieren sehr energisch aufnehmen.

Außerdem ist sie Frauchens ganz spezielle Superheldin. Denn hier bei uns auf dem Land gibt es wirklich monströs große

Spinnen. Die Olle würde euch jetzt verklickern, es sind ultragefährliche, riesige Tarantulas, die nur darauf warten sie einzuspinnen, um für die nächsten 7456752837unddrölfzig Generationen von Spinnen die Futterkammer gefüllt zu haben. Gebt nix drum, sie ist halt bisschen bekloppt manchmal. Tatsächlich handelt es sich hier meist um Hauswinkelspinnen. Die sind allerdings wirklich so etwa handtellergroß.

Wenn unsere Menschin nun so ein Vieh entdeckt, könnt ihr davon ausgehen, dass das halbe Dorf dies mitbekommt. Ein gellender, spitzer Schrei, gepaart mit bisschen Panik und viel, viel Ekel, und schon sieht man Mücke durch Hotzihausen flitzen. Egal wo sie sich gerade befindet, sie folgt dem „Spinnenjagdruf" augenblicklich, eilt zur Hilfe und macht kurzen Prozess.

Mal so unter uns: Es ist wahrscheinlich, dass die Aussicht auf einen speziellen Zusatzsnack Mücke dazu anspornt unsere Olle zu retten und weniger die Rettungsaktion selber. Aber wir lassen ihr mal ihre Überzeugungen ...

Mücke

Zutaten für Bananenplätzchen:

1 reife Banane
60g Haferflocken

Zubereitung:

Das ist mit das einfachste Rezept
überhaupt. Ihr zerquetscht mit einer Gabel
in einer Schüssel die Banane und mischt
anschließend die Haferflocken drunter.
Daraus rollt ihr dann kleine Kugeln, die
ihr auf ein mit Backpapier ausgelegtes
Backblech legt und dort platt drückt.
Bei 160 Grad Umluft ca. 15-20 Minuten
backen. Sie müssen nur angebräunt sein.
Achtung, diese Plätzchen eignen sich nur
schwierig fürs Trocknen. Es funktioniert
zwar, aber sie zerbröseln schnell und
schmecken dann auch nicht so doll.

Deswegen macht unser Frauchen immer nur wenige davon, die wir auch recht zügig verspeisen.

Bananen-Haferflocken-Masse

Die Kugeln kurz vorm Plattdrücken

Fertige Leckerli

Sommer – Sonne – Hundeeis

Wir Hotzis lieben, lieben, lieben den Sommer. In der Sonne liegen, zwischendurch ein bisschen schwimmen, und dann gibt es auch viele Abkühlungsleckereien für uns.
Dass wir gekühlte Wassermelone bekommen, haben wir ja schon berichtet. Toll ist auch Salatgurke aus dem Kühlschrank. Die ist unglaublich erfrischend!
Aber was wir ganz besonders gerne verschnabulieren, ist das von der Hotzi-Mami gezauberte Eis.
Boaaah yummiiiieeee können wir euch da nur bellen!

So ein Eis ist übrigens nicht nur im Sommer zur Abkühlung gut. Unsere Paula hat es schon mal gerettet.

Mit Paula fing ja das verdackelte Leben für unsere Menschen an. Sie kam zu ihnen, als die Labbi-Omi Kira bereits 9 Jahre alt war. Der Welpe hielt die Omi ganz schön auf Trab und man hatte den Eindruck, dass Kira durch die kleine Maus in einen Jungbrunnen gefallen war.

Paula

Paula war ein erstaunlich braver Welpe. Man sagt den Minis ja nach, dass sie einiges an Blödsinn im Kopf haben, aber unsere Kleine war nicht so. Wenngleich sie durchaus von Anfang an wusste, was sie wollte und was nicht. Dackel halt ... Als die Zweibeinerfamilie von der Wohnung in ein großes Haus umzog, gab es dort viel Arbeit. Für sie, aber auch für Kira und Paula. Erstere sorgte für Sicherheit und kontrollierte souverän erst mal ausgiebig das neue Reich. Letztere guckte unseren Menschen bei den Renovierungsarbeiten zu – und lernte. Ja genau, lernte. Denn nachdem sie eine Weile gesehen hatte, dass wohl die alte Tapete von der Wand entfernt werden musste und die Zweibeiner ihre liebe Mühe damit hatten, entschloss sie sich, denen zu zeigen, wie Dackel das effektiv und schnell hinbekommen. Eine Ecke gefunden, zwischen die Zähne gepackt,

110

zurück gehüpft und stolz den Fetzen präsentieren. Unermüdlich hat sie den Zweibeinern geholfen und als es dann später so ansprechende, zusammengekehrte Tapetenfetzenberge gab, hat sie die netterweise auch noch gründlichst auf Gnome kontrolliert.

In den Arbeitspausen ging es dann raus in den Garten. Paula war noch so im Kampfgnomemodus, dass sie gleich mit der Jagd weiter machte – jedoch handelte es sich jetzt um eine Wespe, die, um sich zu verteidigen, prompt zustach. Leider in Paulas Zunge. Geistesgegenwärtig gab Frauchen ihr sofort ein Eis zum Lecken und düste gleichzeitig mit ihr direkt zum Tierarzt.
Paula hatte Glück. Die schnelle Gabe von Eis hatte eine lebensgefährliche Schwellung verhindert. Seitdem haben wir wirklich immer Eis im Gefrierschrank.

Zutaten fürs Fruchteis:

100ml Wasser
100ml Ziegenmilch
250g Beeren

Zubereitung:

Die Mami nimmt meistens Blaubeeren.
Himbeeren sind auch prima und Erdbeeren
schmecken genauso lecker. Nehmt einfach
das, was euer Vierbeiner besonders gerne
mag.
Die Früchte könnt ihr ganz lassen, bzw.
die Erdbeeren werden je nach Größe
geviertelt. Ihr könnt sie aber auch
passieren und einfach mit der Milch und
dem Wasser mischen. Unser Frauchen
macht es in der Tat halb und halb. Das
heißt, sie nimmt einen Eiswürfelbehälter
mit etwas größeren Formen, legt in jede

Mulde ein bis zwei Beeren. Dann passiert sie den Rest zusammen mit dem Milch-Wasser-Gemisch und füllt die Vertiefungen damit auf. Ab in den Gefrierschrank und nach zwei bis drei Stunden kann schon geschlemmt werden. Ihr könnt im Übrigen nicht nur Eiswürfelbehälter benutzen. Silikonformen funktionieren genauso ausgezeichnet.

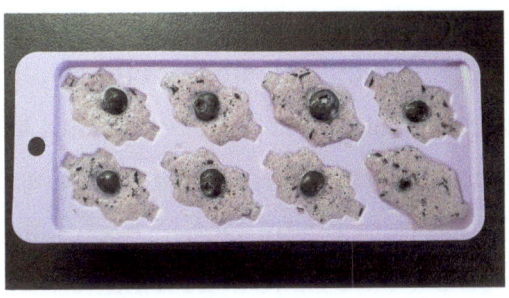

Fruchteis im Eiswürfelbehälter

Zutaten für Käse-Leberwurst-Eis:

100g Quark
100g Hüttenkäse
80g Leberwurst

Zubereitung:

Alle Zutaten gründlich mischen.
Dieses Eis nimmt unsere Zweibeinerin
gerne, um die Kongs damit zu befüllen.
Ein Loch verschließt sie mit einem
winzigen Klacks purer Leberwurst. Dann
füllt sie von der anderen Seite mit einer
Spritztüte oder einem Gefrierbeutel, an
dem eine kleine Ecke abgeschnitten
wurde, die Masse in den Kong und
verschließt die Seite ebenfalls mit einem
kleinen bisschen purer Leberwurst. Das

verhindert, dass die Masse ausläuft, auch wenn sie eh eher cremig ist.

Natürlich könnt ihr auch wieder Eiswürfelbehälter oder Silikonformen nehmen. Wir benutzen zum Beispiel unter anderem Silikonformen für ‚Eiswürfelstäbchen'.

Mit dem Kong befriedigen wir aber zusätzlich unseren Kautrieb. Wir haben obendrein Spaß und werden gleichzeitig geistig sowie körperlich gefordert.

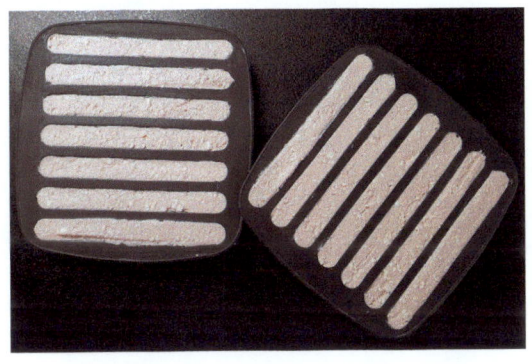

Käse-Leberwurst-Eis in der Silikonform

Eine wiederholt wichtige und sehr bedeutende Anmerkung:

Für den Fall, dass etwas Eismasse übrig ist, weil alle Förmchen und Kongs etc. gefüllt sind, ist es auch hier ultrahotzifastisch wichtig, dass eure Fellnasen dafür zuständig sind, nicht nur die Leckerlei aufzulecken. Das Spülen der entsprechenden Hilfsmittel ist ebenfalls unbedingt uns Vierpfötlern zu überlassen.

Knusprige Fleischstreifen

Obwohl wir echt gern Obst und Gemüse essen, Fleisch bleibt uns natürlich das Liebste. Da der Wolf schließlich unser Urahn ist, liegt uns das freilich in den Genen. Deswegen zaubert uns das Frauchen seit Jahren getrocknete, knusprige Fleischstreifen selber.
Dafür hat sie sich extra einen Dörrautomaten gekauft. Es gibt da wirklich eine sehr breite Preisspanne bei den Geräten. Unseres kostete 50 Euro und tut hier sehr gut seine Dienste.
Es ist genauso möglich, das Fleisch prima im Backofen zu dörren, wer sich nicht gleich so einen Apparat zulegen möchte. Wie das funktioniert, erläutern wir später.

Wieso sie angefangen hat, die Streifen selber zu machen?

Nun, das hat verschiedene Gründe. Klar kann man sie auch kaufen, aber das kann man Leckerchen ja gleichermaßen. Bei der Do-it-yourself-Variante weiß man zum einen, was wirklich drin ist und dass keinerlei Chemie verwendet wurde, zum anderen ist es aber auch viel preiswerter, wenn man sich die Streifen selber macht. Bei elf Hotzis ist der Verbrauch schon höher.

Wichtig zu wissen ist, welche Fleischsorten sich besonders dazu eignen. Die oberste Regel dabei ist: je weniger Fett, desto besser das Ergebnis. Dörren ist nichts anderes, als dem Fleisch die Feuchtigkeit zu entziehen und es dadurch haltbarer zu machen. Doch an den fettigen Stellen dauert dieser Prozess wirklich ewig und wird auch meist eher labbrig. Dadurch ist es dann dazu nicht lange haltbar. Besser ist es, direkt zu magerem

Fleisch zu greifen. Unser Frauchen nutzt dazu meistens Hühnerbrust, Putenbrust, mageres Rouladenfleisch oder mageren Rindergulasch. Wildfleisch und anderes Geflügel funktioniert natürlich auch. Man kann außerdem Herz, Leber und sogar Pansen dörren. Da müsst ihr euch allerdings auf entsprechende Gerüche vorbereiten.

Zubereitung:

Zuerst wird das rohe Fleisch gewaschen und wieder trocken getupft. In unseren Automaten passen etwa 2 kg Frischfleisch und die Olle nutzt immer die volle Kapazität. Schließlich dauert der Vorgang einige Stunden und wenn man dann schon entsprechende Energien verbraucht, sollte es sich auch lohnen.

Nun braucht ihr ein scharfes Messer. Wenn ihr sichtbare Fettränder seht, wie man sie schon mal an der Hühnerbrust findet, entfernt sie. Dann schneidet ihr Streifen oder kleine Stücke. Je dünner das Dörrgut, desto schneller ist es getrocknet. Unsere Hotzi-Mami schneidet es wirklich sehr dünn. Achtet darauf, dass ihr auf jeden Fall unter 0,5 cm bleibt, denn sonst dörrt ihr echt ewig.

Ideal ist es auch, wenn ihr recht gleichmäßig schneidet, damit alles gleichzeitig fertig ist. Für den Fall, dass es euch Schwierigkeiten bereitet, das Fleisch so dünn zu schneiden, legt es kurz in den Gefrierschrank. Wenn es angefroren ist, lässt es sich einfacher dünn verarbeiten. Habt ihr euch bereits für einen Dörrautomaten entschieden, verteilt das Fleisch auf die einzelnen Dörrebenen, stellt den Automaten auf 70 Grad und schaltet ihn ein. Wie lange das Dörren dauert, hängt davon ab, wie dünn eure Stücke sind und auch welches Fleisch ihr benutzt habt. Hühnchen braucht zum Beispiel 6-9 Stunden, Rindfleisch 7- 10 Stunden, Innereien 8-12 Stunden.

Die Mami kontrolliert nach 6-8 Stunden, wie der Fortschritt ist und von da an alle 30 Minuten. Wenn sie den Eindruck hat, eine Lage ist bereits fertig, holt sie die raus und lässt den Rest weiter trocknen.

Im Backofen stellt ihr die Temperatur bei Umluft auf 70 Grad und steckt einen Kochlöffel in die Türe, damit die Feuchtigkeit entweichen kann. Auf den Rost legt ihr Backpapier und darauf dann euer Fleisch. Im Backofen ist das Fleisch oft 1-2 Stunden schneller fertig als im Dörrautomaten, allerdings bei deutlich höherem Energieverbrauch. Ihr solltet zwischendurch kontrollieren, was euer Fleisch so macht.

Bei beiden Vorgängen lässt unsere Zweibeinerin das fertige Dörrfleisch zum „Resttrocknen" über Nacht auf Küchenpapier liegen.

Jetzt ratet mal, wo ihr uns finden könnt, wenn hier Dörrtag ist. Genau, wir halten Wache in der Küche und freuen uns auf die ersten Kostproben, die es von uns zu testen gilt. Getrocknetes Fleisch ist nämlich durch den Verlust des Wassers viel, viel geschmacksintensiver und daher einfach oberlecker.

Manchmal schneidet uns die Mami die Stücke mit einer guten Schere oder einer Kneifzange ganz klein, damit sie prima bei Intelligenzspielzeugen benutzt werden können oder auch in den Kong passen. Die ‚normalen' Stücke nutzt sie übrigens außerdem bei unseren Suchspielen. Die riechen so schön intensiv und wir lieben

die so sehr, dass wir uns besonders viel
Mühe bei der Suche geben.

roh   fertig

Rindfleisch

Hühnerherzen

Hühnerbrust
um Kausticks
gewickelt

Hühnerbrust

Apropos Mühe geben und getrocknete Hühnerstückchen. Da fällt uns Hexi ein.

Hexi

Hexi kam 2019 als Notfellchen zu uns. Sie lebte bei superlieben Menschen, ebenso Züchter wie unsere Zweibeiner. Kurz vor Silvester brach jedoch ein fürchterliches Unglück über sie herein. Ein furchtbarer Hausbrand, bei dem nicht nur vier Dackelchen und auch vier Katzen ihr

Leben lassen mussten. Ihre Menschen und die anderen Hunde entkamen dem Brand nur knapp mit Hilfe der Feuerwehr. Es war wirklich sehr, sehr schlimm. Die Leute kamen in hohem Maße gesundheitlich angeschlagen ins Krankenhaus, die Tiere erst einmal ins Tierheim. Schnell hatte sich eine Hilfsgruppe zusammen gefunden, die die Vierbeiner vorübergehend aufnehmen wollte, bis die Betroffenen wieder einigermaßen genesen waren. Auch die Hotzi-Mami und der Hotzi-Vati hatten sich gleich angeboten, einer Fellnase für die Genesungszeit einen Wohlfühlplatz zu geben. Doch bald zeigte sich das ganze Ausmaß. Das Haus war nur noch eine Ruine. Die beiden standen da mit nichts und es wurde klar, dass auch die Gesundheit nicht so schnell hergestellt sein würde. Da unser Rudel eigentlich – also wirklich EIGENTLICH – komplett war, versuchten die Zweibeiner zwar zu vermitteln, standen aber ansonsten als Dauerpflegeplatz nicht zur Verfügung. Es waren mittlerweile 14 Tage vergangen, als das Telefon klingelte: „Simone, wir brauchen euch. Eine Maus ist hochschwanger. Nur ihr könnt ihr helfen." Sofort war klar, dass Hexi zu uns kam. Damals hieß sie allerdings noch Mücke. Da wir aber ja schon eine Mücke im Rudel hatten, war das mit dem Doppelnamen schwierig. Das alles im Detail zu erzählen, sprengt hier gerade den Rahmen. Fakt ist allerdings, dass eine sehr traumatisierte, hochschwangere, zuckersüße Dackeline zu uns kam. In ein für sie vollkommen fremdes Rudel, mit fremden Menschen, wo sie nun kurz vor der Geburt stand. Ihr könnt euch sicher vorstellen, welche Ängste sie ausgestanden hat.

Und sie hatte so einen enormen Hunger! Im Tierheim hatte man zuvor nicht bemerkt, dass sie tragend war. Für uns total unverständlich, denn sie war mehr Kugel, als dass sie eine normale Dackelform hatte. Unsere Zweibeiner regen sich heute noch auf, wenn sie daran denken. Dadurch, dass niemand registriert hatte, dass sie Junge erwartete, bekam sie natürlich auch viel zu wenig Futter. Der Bedarf gegen Ende der Trächtigkeit ist deutlich höher als normal. Nachdem sie nun bei uns war, hat sie erst mal gefressen und gefressen und gefressen und unsere Menschen haben sie auch futtern lassen, so viel wie es sie gelüstete. Als kleinen Zwischensnack gab es dann getrocknetes Hühnchenfleisch. Uhhh, das war, als hätte man ihr göttlichen Nektar gegeben, so gierig war sie danach. Sogar so begierig, dass sie kurz darauf die Dose diebte, indessen Frauchen nebenan war. Sie kam in dem Augenblick wieder zurück, als Hexi samt Beute mit geducktem Kopf an ihr vorbei flitzte, was durch ihren riesigen

Babybauch eine erstaunliche Leistung war. Grinsend marschierte die Olle hinterher und fand Hexi unter einem Tisch versteckt, mit offener Dose und genüsslich Hühnerstreifen mampfend. Frauchen hat herzlich gelacht, verglich sie kurz mit Gollum, aus Herr der Ringe, der seinen Schatz behütete und stellte schließlich fest, dass sie anscheinend perfekt zu den Räubern der Hotzenplotzbande passte. Also keine Ahnung, was sie DAMIT nun sagen wollte, aber im Endeffekt hatte sie recht.

Hexi ist heute eine waschechte, glückliche Räuberprinzessin, der man ihr Trauma fast gar nicht mehr anmerkt.

Aber ratet mal, wer an vorderster Front steht, wenn es frischgedörrte Fleischstreifen gibt ...

Sonntagsfrühstückchen

Wenn unsere Zweibeiner sonntags ein schönes Frühstück für sich zubereiten, machen sie das auch für uns.

Eier sind für uns Hunde ja eine Delikatesse und außerdem gesund. Für Thunfisch lassen wir alles stehen und liegen. Das jetzt in Kombination, ist für uns die Krönung.

Die Mami meint, das sei kein großes Hexenwerk und schnell fabriziert.

Zutaten Thunfisch-Rührei:

1 Dose Thunfisch im eigenen Saft
1 Ei
etwas Ziegenmilch
etwas frisch gehackte Petersilie

Zubereitung:

Den Thunfisch abtropfen lassen. Schaut, dass ihr den im eigenen Saft nehmt und nicht den in Öl. Der ist einfach zu fettig. Verquirlt das Ei mit der Ziegenmilch und fügt die Petersilie dazu. Dann gebt ein paar Tropfen Olivenöl in die heiße Pfanne und bratet zunächst den Thunfisch ein bisschen an.

Das Ei-Ziegenmilch-Petersilien-Gemisch drüber geben, kurz stocken lassen und letztendlich unterrühren. Lasst das Ganze noch abkühlen, damit wir uns nicht das

Schnäuzchen verbrennen. Und dann: guten
Appetit.
Wir wetten, die Näpfe werden ratzeputz
blankgespült sein.

Sonntagsfrühstück

Nachwort

Uns hat es wirklich Spaß gemacht, dass die Hotzi-Mami hier für euch unsere Lieblingsrezepte zusammengestellt hat. Ganz besonders erfreut waren wir dabei, dass sie für diese verhotzelten Rezepte alle gleich noch mal nachgebacken hat. Schließlich wollte sie euch auch ein paar Fotos davon zeigen. So viele Leckereien auf einmal sind dann doch eher eine Seltenheit. Natürlich haben wir nicht alle gleichzeitig verschnabuliert, die Olle ist da, sehr zu unserem Bedauern, irgendwie geizig. Aber Probeverkostungen von sämtlichen Delikatessen waren durchaus drin.

Dafür ein dickes Danke an euch Hotzifreunde. Denn hättet ihr die Zweibeinerin nicht alle nach Rezepten

gelöchert, wäre sie nie auf die Idee gekommen, dieses Büchlein zu verfassen. Sie ist eh immer erstaunt über das ganze liebevolle Feedback von euch und kann es oft nicht fassen, wie begeistert ihr von unseren Erlebnissen seid.
Wir Hotzis verstehen das durchaus. Wer liest nicht gerne atemberaubende Abenteuergeschichten, nicht wahr?

Jetzt wünschen wir euch ganz, ganz viel Freude beim Ausprobieren und euren Vierbeinern einen guuuten Appetit.
Wir sind uns sicher, sie werden aus dem Häuschen sein bei diesem hotzifastischleckeren Schmackofatz.

Eure Hotzenplotzbande

Die Hotzenplotzbande